COLONIE DE MADAGASCAR ET DÉPENDANCES

Gouvernement Général

RÉORGANISATION DES CHAMBRES CONSULTATIVES

DU COMMERCE, DE L'INDUSTRIE ET DE L'AGRICULTURE

de Madagascar et Dépendances

Arrêtés du 13 avril 1920

TANANARIVE
IMPRIMERIE OFFICIELLE

1920

COLONIE DE MADAGASCAR ET DÉPENDANCES

Gouvernement Général

RÉORGANISATION DES CHAMBRES CONSULTATIVES

DU COMMERCE, DE L'INDUSTRIE ET DE L'AGRICULTURE

de Madagascar et Dépendances

Arrêtés du 13 avril 1920

TANANARIVE

IMPRIMERIE OFFICIELLE

1920

PRÉSENTATION

PAR LE GOUVERNEUR GÉNÉRAL p. i.,

au conseil d'administration, en séance du 8 avril 1920, du projet d'arrêté réorganisant les Chambres Consultatives du commerce, de l'industrie et de l'agriculture de la Colonie.

MESSIEURS,

En soumettant à votre discussion, au cours de la séance du 30 janvier dernier, l'arrêté portant création du Conseil Consultatif des Intérêts Economiques de la Colonie, je vous ai exposé les principes suivant lesquels paraissait devoir être accomplie la réorganisation des Chambres Consultatives du commerce, de l'industrie et de l'agriculture qui doivent procurer à cette assemblée, par la voie élective, ses éléments constitutifs.

Je suis aujourd'hui en mesure, après la réflexion très mûrie que comportait cet important sujet, de vous soumettre le projet d'arrêté qui transforme, en l'élargissant, la représentation régionale des intérêts économiques auprès des pouvoirs publics et la met en accord aussi complet que possible avec les idées directrices de notre Démocratie pour le plein épanouissement de toutes les initiatives dans notre Domaine Colonial.

Le nouvel acte organique est le résultat des propositions établies par la Conférence des délégués de toutes les Chambres Consultatives de la Colonie, réunie à Tananarive au mois de Janvier de l'année dernière, et des études auxquelles ces propositions ont donné lieu, en vue de l'élaboration d'une formule définitive.

Les travaux de la Conférence Economique, quelque consciencieux qu'ils aient été, ont, par la suite, fait l'objet, en divers milieux, sur la question qui nous occupe aujourd'hui, de controverses portées devant le Gouvernement de la Colonie.

Le Gouverneur Général a considéré comme un devoir de les examiner avec la plus grande attention. J'ai à rappeler spécialement qu'un courant s'est manifesté, dans une fraction de l'opinion locale, pour le maintien du collège électoral restreint tel qu'il a été institué par l'arrêté du 4 juin 1918 auquel les Chambres Consultatives actuelles doivent leur organisation. Il ne fallait pas trancher ce grave débat sous la seule inspiration de conceptions *a priori* et d'idées personnelles.

La solution devait être recherchée dans l'étude essentiellement objective des situations multiformes qu'offre l'œuvre de la Colonisation à Madagascar, et des éléments variés qui y concourent.

A cet effet, il importait au plus haut point que le Gouvernement de la Colonie attendît, pour fixer la constitution du collège électoral, la démobilisation et le retour de nombreux colons, combattants de la Grande Guerre, qui, tout entiers au devoir suprême envers la Patrie en danger, n'avaient pas pu faire entendre leur voix dans les assemblées locales.

M. le Gouverneur Général titulaire Schrameck était résolument partisan d'un large collège électoral. Mais il m'avait laissé le soin, à son départ, d'en déterminer les règles constitutives, d'après les considérations et les nécessités que je viens de rappeler.

La réunion de toutes les garanties nécessaires à une solution adéquate aux besoins, aux formes nouvelles que la Colonisation peut être appelée à prendre, à ses aspirations diverses, a exigé que le délai écoulé depuis la clôture de la Conférence Economique fût consacré à la préparation du texte que je vous présente maintenant.

Mais je dois vous dire aussi que tout un ensemble de devoirs d'ordre public et d'ordre moral nous imposent de ne pas différer la réorganisation des Chambres Consultatives.

Les combattants mobilisés dans la Grande Ile, sont, pour la plupart, de nouveau parmi nous, prêts à prendre part, avec le courage opiniâtre dont ils ont donné maintes preuves dans les tranchées et sur les champs de bataille, à la lutte mondiale ouverte sur le terrain économique. Cette lutte ne pourra être menée avec pleine efficacité qu'autant que les organismes destinés à assurer la liaison de tous les intérêts en cause seront en mesure de fonctionner normalement et de donner leur plein rendement.

Et si pour les considérations dont s'est précisément inspiré le Gouvernement local, la Métropole a ajourné jusqu'à la fin des hostilités le renouvellement de ses assemblées représentatives, n'a-t-elle pas voulu, par contre, procéder à ce renouvellement dans un bref délai après le rétablissement de l'état de Paix. Madagascar a le devoir de se conformer à cette volonté : c'est au surplus, une impérieuse nécessité d'ordre pratique car de graves problèmes sont posés, qui demandent de promptes solutions pour le développement de l'outillage économique de la Colonie.

Tous, travailleurs modestes ou chefs d'entreprises importantes, doivent pouvoir contribuer, le plus tôt possible, à la détermination des mesures propres à gagner la Paix.

Or, il est indispensable de fixer, sans autre délai, le statut des nouvelles chambres et leur mode d'élection pour permettre au collège électoral de désigner en temps voulu les membres de ces assemblées, appelées, elles-mêmes, à former, par leurs délégués élus, le Conseil Consultatif des Intérêts Economiques qui doit remplacer le Comité actuel des Etudes Economiques, issu dans une très faible mesure d'un suffrage restreint, et tenir sa première session dès le mois de septembre prochain.

J'avais, aussi, le devoir d'appeler le Conseil d'Administration à examiner le projet de réorganisation des Chambres Consultatives, en présence de M. l'Inspecteur Général, chef de la mission d'inspection, délégué du Ministre, qui s'est tout particulièrement intéressé à cette mesure et qui doit incessamment quitter Tananarive pour rejoindre la Métropole.

Je vous présente ce projet en toute sécurité de conscience. J'ai l'assurance de me conformer, par ses dispositions essentielles aux vues de M. le Gouverneur Général Schrameck qui était naguère le Chef de la Colonie.

J'ai la conviction de répondre aux intentions de M. le Gouverneur Général Garbit qui a bien voulu manifester tout de suite son souci de poursuivre l'œuvre de ses prédécesseurs.

La Colonie souffrirait gravement, dans l'un des domaines les plus importants et les plus intéressants de son activité, si cette œuvre était momentanément suspendue.

Les événements qui succèdent au bouleversement de la Grande Guerre nous enseignent que le temps est plus que jamais précieux.

Le projet dont il va vous être donné lecture s'est inspiré étroitement des desiderata formulés par les représentants des diverses circonscriptions délégués en janvier 1919 à la Conférence Economique : il a été tenu compté, dans toute la mesure qui a paru compatible avec l'organisation administrative de la Colonie et le développement économique des diverses provinces, des suggestions proposées par la onzième commission de la Conférence et des modifications aux arrêtés du 4 juin 1918 qui avaient été proposées par cette conférence au cours de la séance plénière du 30 janvier 1919 : l'organisation des chambres de commerce de la Métropole a également été un guide précieux et plusieurs des dispositions prévues par le projet d'arrêté ont été calquées sur l'organisation métropolitaine et adaptées aux particularités de la Colonie.

Il n'est pas, enfin, jusqu'à la loi récente du 25 octobre 1919 créant et organisant dans la Métropole des chambres d'agriculture, qui n'ait été consultée avec fruit et dont plusieurs dispositions n'aient paru devoir être utilement reproduites dans le texte qui nous occupe aujourd'hui.

Le projet d'arrêté est divisé en quinze titres ayant pour objet : l'organisation ; le ressort et le siège ; la composition ; l'électorat ; les listes électorales ; l'éligibilité ; les élections ; la durée du mandat ; la déchéance des membres des chambres; les démissions ; le fonctionnement des Chambres Consultatives ; les franchises postale et télégraphique ; les attributions des Chambres Consultatives ; des dispositions diverses et des dispositions transitoires.

Vous ne manquerez pas de remarquer que c'est pour donner aux nouvelles chambres consultatives toute l'aisance de discussion possible, que les chefs de province ou de district qui font partie des assemblées actuelles ont été éliminés.

En ce qui concerne l'organisation, la Conférence Economique avait marqué sa préférence pour la représentation unique des intérêts commerciaux, industriels et agricoles : il a paru qu'il n'était ni nécessaire ni opportun de revenir au système de la double représentation antérieure à l'arrêté du 4 juin 1918 et qu'il convenait de s'en tenir, sur ce point, au vœu formulé par la Conférence Economique, car il ne peut être établi une démarcation précise entre les intérêts du commerce et de l'industrie et ceux de l'agriculture ; ces intérêts se pénètrent étroitement et il est nécessaire et désirable qu'ils soient représentés par un organisme consultatif unique. C'est au surplus la solution consacrée par le décret du 12 juin 1919 qui a créé les Chambres du commerce, de l'industrie et de l'agriculture.

Par voie de conséquence, il a paru opportun de supprimer le double collège électoral établi par l'arrêté du 4 juin 1918 : le collège électoral prévu par le projet d'arrêté qui va vous être soumis est unique ; il est composé de tous les Français y compris les femmes qui peuvent justifier dans des conditions déterminées d'intérêts commerciaux, agricoles ou industriels.

La deuxième question qui se posait était celle de savoir quelles règles présideraient à la création des Chambres Consultatives: fallait-il créer une chambre par circonscription ou exiger, pour la création d'une chambre, un minimum d'électeurs ? Dans ce dernier cas, à quel chiffre minimum convenait-il de s'arrêter ? Ou bien, le Gouvernement local devait-il se réserver la faculté de créer ou de modifier, selon les circonstances, le nombre et le ressort de chacune des Chambres ?

J'ai déjà eu l'occasion, au cours de la séance du 30 janvier dernier, en vous présentant le projet d'arrêté créant le Conseil Consultatif des Intérêts Economiques, de vous indiquer le désir du Gouvernement local d'établir, pour la création des Chambres Consultatives, un certain automatisme.

Il ne fallait pas perdre de vue, d'autre part, que le but des organismes envisagés était, surtout, d'obtenir la représentation des intérêts véritablement régionaux: la dispersion et le trop grand nombre des chambres eussent inévitablement eu pour conséquence, dans une colonie comme Madagascar, où le nombre des colons français n'était en 1918 que de 1749 contre 1598 en 1914, de morceler les efforts et de donner lieu à l'opposition d'intérêts quasi particuliers, dont la manifestation n'aurait pas permis de dégager des opinions synthétiques véritablement régionalistes. Partant de ce principe, il devenait aisé de poser les règles générales qui devaient servir de guide en la matière.

L'adoption intégrale de l'un quelconque des systèmes envisagés présentait des inconvénients et des avantages:

c'est ainsi que la création d'une chambre par circonscription risquait, dans certains cas, d'aboutir à une impossibilité ou à une inutilité : la nécessité de l'existence d'une chambre consultative dans la circonscription d'Ambilobe par exemple, pour laquelle le recensement de 1918 n'accuse qu'un total de 13 personnes susceptibles d'être électeurs, n'apparaissait pas très clairement, les intérêts de cette circonscription se confondant avec ceux de la circonscription de Diego-Suarez et les communications entre ces deux centres étant rapides, faciles et fréquentes.

Pour ce qui est d'Analalava dont la Conférence Economique avait envisagé le rattachement à la chambre de Nosy-Be et qui, d'après le dernier recensement, ne compte que treize électeurs, il ne semblait pas davantage que ce petit nombre justifiât la création d'une chambre distincte. Il en était de même du district autonome d'Ankazobe et de la province de Betroka, le premier comptant seulement 9 électeurs et étant à quelques heures de la capitale, à la Chambre de laquelle il paraissait devoir être normalement rattaché ; la seconde ne comptant que 2 colons remplissant les conditions voulues d'électorat et d'éligibilité.

Enfin, la population des colons français des provinces de Maevatanana, de l'Itasy et du Vakinankaratra (respectivement 11, 19 et 22 électeurs) ne semblait pas encore suffisamment nombreuse pour justifier la **création** dans ces circonscriptions d'une Chambre Consultative ; la première avait, avec Majunga, trop d'affinités économiques pour qu'il ne parut pas normal de la rattacher à la chambre ayant son siège dans notre grand port du Nord-Ouest ; pour les deux autres, reliées convenablement à Tananarive par des routes bien entretenues et bénéficiant l'une et l'autre d'un service automobile régulier, le maintien de leur rattachement à la Chambre de Tananarive paraissait s'imposer.

La première solution possible pour l'organisation des Chambres Consultatives étant écartée, il restait à examiner la seconde qui présentait évidemment plus d'avantages mais laissait place encore à certains inconvénients.

Le chiffre minimum d'électeurs dans une circonscription ou dans une subdivision ne semblait pas, en effet, devoir constituer le seul élément à exiger pour entraîner automatiquement, au début, la création d'une Chambre Consultative : il pouvait arriver, que telle circonscription réunit le nombre d'électeurs prévu sans que son développement commercial, industriel ou agricole y justifiât la création d'une chambre distincte : par ailleurs, telle circonscription pouvait ne pas réunir les conditions exigées alors que l'essor pris par la colonisation sous toutes ses formes y imposait cette création. C'est le cas pour les provinces de Fort-Dauphin et de Morondava où des intérêts importants sont en jeu et qui sont privées, par la réglementation actuelle, d'assemblée représentative locale. Il semblait enfin nécessaire de faire intervenir un troisième élément : celui de la facilité des moyens de communication : c'est ainsi que si, tenant compte exclusivement de la population électorale de chaque circonscription, on adoptait le chiffre de 25 électeurs, l'adoption de ce chiffre entraînait la création d'une chambre à Sainte-Marie qui se trouve en rapports journaliers avec Tamatave et qui traite toutes ses affaires par l'intermédiaire de ce port.

Si, au contraire, on adoptait le chiffre de 50 électeurs, on supprimait certaines chambres actuellement existantes, comme par exemple celle de Tulear qu'il fallait, dans ce cas, rattacher à la chambre de Majunga alors que les communications avec ce port sont rares et les intérêts économiques des deux circonscriptions parfois différentes.

Sur la côte Est, les provinces de Fort-Dauphin et de Farafangana se trouvaient privées de représentation distincte et rattachées à Mananjary avec laquelle les rapports sont difficiles et relativement rares. L'adoption du chiffre de 30 électeurs semblait susceptible de concilier tous les intérêts en présence : mais cette solution entraînait la création d'une chambre pour la province de Moramanga qui, par la facilité et la fréquence de ses rapports avec Tananarive, semblait devoir être encore rattachée à l'assemblée ayant son siège au chef-lieu de la Colonie, tandis que les circonscriptions de Fort-Dauphin et de Farafangana, qui ne réalisaient pas séparément le minimum de 30 électeurs, étaient obligées de se grouper pour former une chambre commune aux deux circonscriptions.

Un examen minutieux des difficultés ci-dessus et le sentiment que l'élément population ne devait pas être considéré comme seul critérium du développement de la colonisation, firent écarter cette seconde solution comme base de la création des Chambres Consultatives.

Il devenait nécessaire, dans ces conditions, en tenant compte des données que l'examen des deux premières solutions avait permis d'obtenir, en s'attachant notamment au développement pris, dans les dix dernières années, par les principaux centres de colonisation commerciale, industrielle et agricole, en s'inspirant aussi des desiderata formulés, sur ce point, par la Conférence Economique et des résultats des enquêtes sur les divers courants économiques régionaux, de déterminer le nombre des chambres consultatives à créer.

La Conférence Economique avait demandé **treize** chambres, savoir, Tananarive, Tamatave, Diego-Suarez, Vohemar, Nosy-Bé, Dzaoudzi, Majunga, Tuléar, Farafangana, Fianarantsoa, Mananjary, Vatomandry et Ambositra ; l'adoption, au début, du chiffre de **quatorze** Chambres Consultatives, soit trois de plus qu'en l'état de l'organisation présente, a paru correspondre aux nécessités de la représentation de tous les intérêts économiques de la Colonie.

Un second arrêté complètera donc l'arrêté organique et fixera ainsi qu'il suit le siège et le ressort de chacune de ces 14 chambres :

1 Dzaoudzi....		Circonscription des Comores.
2 Diego-Suarez	⎰	Circonscription de Diego-Suarez.
	⎱	Circonscription d'Ambilobe.
3 Majunga....	⎧	Circonscription de Majunga.
	⎨	Circonscription de Maevatanana.
	⎩	Circonscription d'Analalava.
4 Mananjary..		Circonscription de Mananjary.
5 Nosy-Be		Circonscription de Nosy-Be.
6 Tamatave...	⎧	Circonscription de Tamatave.
	⎨	Circonscription de Sainte-Marie.
	⎩	Circonscription de Maroantsetra.
7 Tananarive..	⎧	Circonscription de Tananarive.
		Circonscription d'Ankazobe.
	⎨	Circonscription de l'Itasy.
		Circonscription du Vakinankaratra.
	⎩	Circonscription de Moramanga.
8 Vatomandry.		Circonscription de Vatomandry.
9 Vohemar....		Circonscription de Vohemar.
10 Fianaran-tsoa........	⎧ ⎨ ⎩	Circonscription de Fianarantsoa. Circonscription de Betroka. Circonscription d'Ambositra.
11 Morondava.		Circonscription de Morondava.
12 Tulear		Circonscription de Tulear.
13 Farafangana		Circonscription de Farafangana.
14 Fort-Dauphin		Circonscription de Fort-Dauphin.

Il a semblé conforme aux affinités économiques de réunir Ambositra et Fianarantsoa, d'une part, Analalava et Majunga, d'autre part.

En outre, afin de ménager éventuellement l'intérêt que pourraient avoir certaines circonscriptions ou même certaines subdivisions à avoir une représentation distincte, il a été prévu que dès que la population d'une circonscription ou d'une subdivision non pourvue d'une chambre indépendante atteindra 100 électeurs, il sera créé, automatiquement, dans cette circonscription ou subdivision, une chambre consultative.

Si le chiffre de la population électorale ne paraissait pas devoir être le seul élément à considérer en ce qui concerne la création des chambres consultatives, il apparaissait au contraire nécessaire de tenir compte de l'importance du collège électoral pour déterminer l'importance de la représentation. C'est ainsi que l'article 5 du projet d'arrêté, fixe de 8 à 18 le nombre des membres européens, en rapport avec celui des électeurs.

En ce qui concerne les conditions d'électorat, je vous ai déjà fait entendre que la nouvelle organisation des Chambres

Consultatives répose sur un collège électoral très élargi : la guerre a confondu tous les Français dans les mêmes souffrances, dans le même sacrifice sanglant pour la défense et le triomphe de la Patrie, par un commun héroïsme. Il faut que chacun désormais puisse se faire entendre afin que de la Paix Victorieuse soit obtenu le profit le meilleur : le temps de présence dans la Colonie exigé pour pouvoir être électeur est diminué, les exploitants miniers et les commerçants patentés **peuvent tous être électeurs.**

La question s'est posée de savoir s'il convenait d'admettre dans le collège électoral certains patentés non commerçants tels que les avocats, les médecins et les agents d'affaires.

Bien que dans la Métropole, cette catégorie de patentés ne soit pas appelée à prendre part aux élections des chambres de commerce, il est apparu qu'à Madagascar où chacun participe au développement économique de la Colonie et où les intérêts s'enchevêtrent étroitement, il convenait de donner à ces patentés le droit de vote et d'éligibilité.

La désignation des membres non fonctionnaires du Conseil de Gouvernement de la Colonie dont l'organisation a fait l'objet d'un projet de décret, qui sera soumis à la séance du Conseil d'Administration de ce jour, devant être réservée au Conseil Consultatif, composé lui-même de délégués des Chambres Consultatives, l'exclusion des avocats, médecins, agents d'affaires et autres patentés des professions libérales ne pouvait être envisagée sans enlever à ces éléments la possibilité de participer aux travaux du Conseil de Gouvernement.

Le droit de vote se trouve consacré par l'inscription sur les listes électorales ; tous les intéressés peuvent poursuivre, soit leur inscription sur les listes, soit la radiation de personnes qui y figurent indûment. Les cas d'incapacité sont ceux prévus par la loi du 8 décembre 1883 sur les élections des membres des tribunaux de commerce de la Métropole : à ces cas d'incapacité ont été ajoutés ceux résultant de condamnations pour spéculation illicite sur les denrées ou sur les loyers.

Enfin, le projet d'arrêté introduit une disposition nouvelle concernant la représentation de l'élément indigène au sein des Chambres Consultatives : l'introduction de cet élément s'imposait pour permettre aux chambres consultatives d'avoir une composition analogue à celle prévue pour les Chambres de plein exercice dont l'organisation est fixée par le décret du 12 juin 1919. Cette innovation s'explique en outre par le développement croissant qu'ont pris, depuis les dix dernières années, un certain nombre d'entreprises commerciales, industrielles ou agricoles indigènes : le nombre de ces entreprises ne peut que s'accroître au contact plus étroit des activités européennes dont le succès pourra constituer, à l'égard des indigènes, un stimulant de premier ordre. Nous ne saurions oublier non plus que les Malgaches ont, eux aussi, combattu vaillamment pour le triomphe de la Mère Patrie.

La procédure des élections a été organisée en s'attachant le plus possible à conserver les dispositions proposées par la Conférence Economique : toutefois, la connaissance des recours contre les décisions des commissions a été donnée au Conseil du Contentieux Administratif au lieu d'être réservée au Gouverneur Général comme l'avait fait l'arrêté du 4 juin 1918 et comme l'avait proposé la Conférence Economique.

En ce qui concerne la durée du mandat des Chambres Consultatives, il est apparu que cette durée pouvait, avec avantage, être portée à quatre ans, alors que l'arrêté du 4 juin 1918 et les propositions de la Conférence Economique l'avaient fixée à trois ans : cette modification permettra de renouveler les chambres par moitié tous les deux ans et d'assurer ainsi, dans leurs travaux, l'unité de vues et, dans leur action, la continuité.

Les Chambres Consultatives ayant pour objet la représentation des intérêts économiques régionaux, la représentation des intérêts généraux étant attribuée au Conseil Consultatif, il était utile de déterminer avec précision les questions sur lesquelles porterait la consultation des chambres, les rapports de celles-ci avec les autorités administratives du ressort, avec les autres chambres de la Colonie et avec le Conseil Consultatif : les articles 58 à 61 du projet d'arrêté ont défini les attributions des Chambres Consultatives et précisé les questions sur lesquelles leur avis devait être demandé.

L'institution du Conseil Consultatif des Intérêts Economiques, réalisée par l'arrêté du 30 janvier dernier, devait entraîner normalement, par voie de conséquence, la suppression du Congrès annuel des Chambres Consultatives, prévu par l'arrêté de 1918 : le nouveau texte ne fait donc plus mention de ce Congrès annuel, où d'ailleurs les représentants de la colonisation privée eussent été moins nombreux qu'au sein du nouveau Conseil ; ce dernier, en assurant la représentation complète de tous les intérêts économiques, est naturellement appelé à remplir, avec des attributions beaucoup plus larges, le rôle précédemment dévolu au congrès des Chambres Consultatives.

Issues des suffrages de toutes les catégories de colons français au sens le plus large du mot, réunissant, par là même, les activités et les expériences les plus variées, associant aux représentants de la colonisation européenne des éléments choisis dans l'élite de la population indigène, dotées d'attributions étendues, en contact direct avec le Conseil Consultatif des Intérêts Economiques, les assemblées régionales qui sont appelées à fonctionner en vertu du nouveau texte constitueront un facteur puissant pour le développement et le succès des entreprises privées disséminées sur le vaste territoire de la Colonie, et pour le progrès général de ce pays.

ARRÊTÉ

portant réorganisation des Chambres Consultatives du commerce, de l'industrie et de l'agriculture de Madagascar.

Le Gouverneur Général p. i. de Madagascar et Dépendances, officier de la Légion d'honneur;

Vu les décrets des 11 décembre 1895 et 30 juillet 1897 ;

Vu l'arrêté du 31 mars 1915 sur les délégations spéciales ;

Vu les arrêtés du 4 juin 1918 créant dans la colonie de Madagascar et Dépendances des Chambres Consultatives du commerce, de l'industrie et de l'agriculture et fixant leur ressort territorial et leur composition ;

Vu l'arrêté du 24 octobre 1919 promulguant dans la Colonie le décret du 12 juin 1919 sur les Chambres du commerce, de l'industrie et de l'agriculture ;

Vu les procès-verbaux de la Conférence Economique réunie à Tananarive en janvier 1919 ;

Vu l'arrêté du 30 janvier 1920 organisant le Conseil Consultatif des Intérêts Economiques de Madagascar et Dépendances ;

Considérant que la constitution du Conseil Consultatif des Intérêts Economiques répond aux mêmes nécessités et au même but que le Congrès annuel prévu par l'arrêté du 4 juin 1918 ; que, par suite, la nécessité de ce Congrès annuel n'a plus sa raison d'être ;

Le conseil d'administration entendu,

Arrête :

ART. 1er. — L'arrêté du 4 juin 1918 organisant les Chambres Consultatives du commerce, de l'industrie et de l'agriculture est remplacé par les dispositions suivantes :

TITRE I

Organisation

ART. 2. — Les Chambres Consultatives du commerce, de l'industrie et de l'agriculture sont instituées par arrêtés du Gouverneur Général en Conseil d'Administration dans les groupes de circonscriptions (1), dans les circonscriptions ou subdivisions (2) où le nombre et l'importance des intérêts économiques nécessitent une représentation locale auprès des pouvoirs publics.

ART. 3. — Lorsque, dans une circonscription ou subdivision administrative non pourvue d'une Chambre distincte le nombre des Français inscrits sur la liste électorale atteindra cent, un arrêté du Gouverneur Général en Conseil d'Administration instituera une Chambre Consultative spéciale à cette circonscription (1) ou subdivision (2).

____

(1) Provinces ou éventuellement régions.
(2) Districts.

TITRE II

Ressort et siège

Art. 4. — Le ressort et le siège de chaque Chambre Consultative sont fixés par arrêté du Gouverneur Général en Conseil d'Administration : ils peuvent être modifiés dans les mêmes conditions.

TITRE III

Composition

Art. 5. — La Chambre Consultative se compose de :

8 membres européens lorsque son ressort compte 50 électeurs ou moins de 50 électeurs.

10 membres lorsque son ressort compte de	51 à 100	électeurs
12	—	101 à 150 —
14	—	151 à 200 —
16	—	201 à 500 —
18	—	plus de 500 —

Art. 6. — Les membres européens des Chambres Consultatives sont désignés par voie d'élection.

Art. 7. — Chaque Chambre Consultative est complétée par l'adjonction de deux membres indigènes représentant l'un les intérêts commerciaux et industriels, l'autre les intérêts agricoles. Ces membres sont choisis par le Gouverneur Général sur des listes établies par les chefs de circonscription ou de subdivision intéressés après avis de la Chambre Consultative en fonction.

TITRE IV

Electorat

Art. 8. — Sont électeurs :

Les citoyens français, âgés de vingt et un ans au moins, jouissant de leurs droits civils et politiques et les femmes âgées de vingt et un ans au moins, jouissant de leurs droits civils, de nationalité française, établis depuis un an au moins dans la Colonie et qui remplissent l'une des conditions suivantes :

1º Sont patentés, associés en nom collectif, directeurs de compagnies françaises, de finances, de commerce ou d'industrie, ou de leurs succursales ;

2º Sont concessionnaires ou chefs d'exploitations minières, titulaires de permis de recherches ;

3º Peuvent justifier auprès de la commission prévue à l'article 14 ci-dessous, de leurs intérêts agricoles comme propriétaires, concessionnaires locataires, fermiers ou régisseurs de biens ruraux ou d'établissements industriels.

— 12 —

Art. 9. — Les cas d'incapacité prévus par l'article 2 de la loi du 8 décembre 1883, relative à l'élection des membres des tribunaux de commerce, sont étendus aux électeurs des Chambres Consultatives de Madagascar.

Ne peuvent, en outre, être électeurs les individus qui ont été condamnés par application de la loi du 20 avril 1916 sur la taxation des denrées et substances, ou de la loi du 27 octobre 1919 prorogeant l'article 10 de la loi du 20 avril 1916 et tendant à réprimer la spéculation sur les loyers.

Art. 10. — Le droit de vote ne peut s'exercer que dans le ressort territorial de la Chambre Consultative où l'intéressé remplit les conditions prévues à l'article 8 ci-dessus.

Art. 11. — Les électeurs remplissant dans plusieurs ressorts les conditions requises pour l'élection ne pourront l'exercer que dans un seul à leur choix : ce choix est manifesté par l'envoi de la demande d'inscription sur la liste électorale prévue au titre V ci-dessous Un électeur ne peut adresser deux demandes d'inscription sur la liste électorale de deux ressorts différents. Les contraventions au présent article seront constatées administrativement et entraîneront contre leurs auteurs l'incapacité de vote et d'éligibilité pendant cinq ans. Cette sanction sera prise par arrêté du Gouverneur Général.

TITRE V

Listes électorales

Art. 12. — Le droit de vote est consacré par l'inscription définitive sur la liste électorale du ressort de la Chambre Consultative.

Art. 13. — Les listes électorales sont établies chaque année. Elles sont dressées au siège de chaque Chambre Consultative. A cet effet, les Français, qui réunissent ou qui réuniront, à la date d'ouverture du scrutin prévu à l'article 21 les conditions exigées pour être électeurs adressent, par lettre recommandée, avant le 1er janvier de l'année de l'élection, une demande d'inscription au chef de la circonscription ou de la subdivision du siège de la Chambre.

Cette demande est accompagnée d'un extrait du casier judiciaire ainsi que des justifications prévues à l'article 8.

Art. 14. — La liste électorale est dressée le 1er février par une Commission composée du chef de circonscription ou de son adjoint, président, d'un fonctionnaire désigné par le chef de circonscription et de trois colons remplissant les conditions prévues à l'article 8 ci-dessus, désignés par la Chambre Consultative dont la circonscription forme ou contribue à former le ressort, ou à défaut par le Gouverneur Général.

Lorsque la Chambre Consultative n'a pas son siège au chef-lieu d'une circonscription, la Commission prévue ci-dessus est présidée par le chef de subdivision ou son adjoint en cas d'empêchement.

ART. 15. — La liste est affichée du 15 à la fin du mois de février à la porte du bureau du chef de la circonscription ainsi qu'à la porte du bureau des chefs de subdivision administrative faisant partie du ressort de la Chambre.

ART. 16. — Pendant la durée de l'affichage de la liste électorale et les quinze jours qui suivent, toute personne inscrite ou prétendant avoir droit d'être inscrite peut formuler ses réclamations, soit qu'elle se plaigne d'avoir été indûment omise, soit qu'elle demande la radiation d'une personne indûment inscrite. Ces réclamations sont remises au Président de la Commission prévue à l'article 14 ci-dessus qui en délivre récépissé : elles peuvent être adressées également par lettre recommandée ; dans ce cas, il n'est pas délivré de récépissé.

La Commission se prononce sur les réclamations ; ses décisions sont notifiées aux intéressés par le Président avant le 1ᵉʳ avril. Un recours est ouvert contre les décisions de la Commission devant le Conseil du Contentieux Administratif de la Colonie. Le Conseil du Contentieux statue sur les recours comme en matières sommaires dans le mois du dépôt de la requête. Dans le cas où la décision du Conseil du Contentieux interviendrait trop tard pour qu'il puisse en être tenu compte lors des prochaines élections, les intéressés ne pourraient arguer de cette circonstance pour s'opposer à l'exécution de la décision de la Commission prévue au présent article.

ART. 17. — La liste électorale, établie dans les conditions ci-dessus, ne peut plus faire l'objet de nouvelles modifications, sauf le cas de survenance de faits nouveaux ; il est statué sur les demandes de modifications à la liste électorale pour faits nouveaux, de la même manière et dans les mêmes délais que pour l'établissement de la liste primitive.

TITRE VI

Eligibilité

ART. 18. — Chaque électeur définitivement inscrit sur une liste électorale en est avisé par le Président de la Commission prévue à l'article 14 par lettre recommandée. Cette lettre tient lieu de carte électorale.

ART. 19. — Sont éligibles **les citoyens français électeurs** inscrits sur la liste électorale du ressort de la Chambre Consultative, et qui sont établis dans la Colonie depuis deux années au moins et dans la circonscription électorale depuis une année au moins.

Art. 20. - Nul ne peut être élu en dehors du ressort de la Chambre Consultative où il exerce régulièrement son droit de vote.

TITRE VII

Elections

Art. 21. — Les élections ont lieu tous les deux ans le premier dimanche de juin.

Art. 22. — A la date fixée pour les élections, il est ouvert un bureau central de vote au chef-lieu de la circonscription ou de la subdivision qui est le siège d'une Chambre Consultative et un bureau ordinaire au chef-lieu de chacune des autres subdivisions englobées dans le ressort de la Chambre.

Art. 23. — Les bureaux de vote sont constitués par le chef de circonscription ou de subdivision, président, ayant comme assesseurs le plus âgé et le plus jeune des électeurs présents à l'ouverture du scrutin.

Lorsque dans un chef-lieu de subdivision, il n'y aura pas possibilité de constituer de bureau de vote, la subdivision sera rattachée par décision du chef de la circonscription à un des bureaux de vote voisin.

Les heures d'ouverture et de fermeture du scrutin sont fixées par le président du bureau de vote et portées par voie d'affiches ou d'annonces dans les journaux à la connaissance du public; le scrutin doit être ouvert au moins pendant 6 heures de jour sans interruption.

Art. 24. — Le vote est secret. Chaque votant doit présenter sa carte d'électeur et émarger la liste électorale.

Art. 25. — Les bulletins sont valables bien qu'ils portent plus ou moins de noms qu'il n'y a de membres à élire. Les derniers noms à inscrire au-delà de ce nombre ne sont pas comptés. Les bulletins blancs ou illisibles, ceux qui ne contiennent pas une désignation suffisante ou dans lesquels les votants se font connaître, n'entrent pas en compte dans le résultat du dépouillement, mais ils sont annexés au procès-verbal.

Art. 26. — En raison de l'éloignement de certaines localités du bureau de vote, le vote par correspondance est autorisé. Les électeurs qui entendent se servir de ce mode de votation doivent adresser leur bulletin, sous pli recommandé, au Président du bureau dont ils relèvent de manière qu'il y parvienne avant la clôture du scrutin.

Dans ce cas, le bulletin de vote doit être placé dans une enveloppe fermée, blanche, sans signe apparent. Celle-ci est placée dans une seconde enveloppe à l'adresse du Président du bureau de vote et doit contenir également la carte électorale de l'intéressé.

Le Président du bureau de vote ouvre la première de ces enveloppes, émarge la liste électorale pour le compte du votant et dépose dans l'urne l'enveloppe contenant le bulletin de vote sans ouvrir celle-ci.

ART. 27. — Dès la clôture du scrutin, il est procédé par le bureau de vote au dépouillement ; les résultats annoncés, le procès-verbal de dépouillement, signé du président et des assesseurs, est adressé au Président du bureau central de vote qui proclame les résultats de l'élection dès qu'il est en possession des procès-verbaux des opérations de chaque bureau ; le procès-verbal général relatant le nombre des électeurs inscrits, le nombre de votants, la répartition des voix ainsi que les nom, âge et profession des membres élus est établi par le bureau central en autant d'exemplaires qu'il est nécessaire pour être immédiatement adressé aux Présidents des bureaux de vote ordinaire, et au Gouverneur Général sous couvert du chef de la circonscription dans laquelle est établie la Chambre Consultative.

ART. 28. — Les membres européens des Chambres Consultatives sont élus à la majorité relative des suffrages exprimés, à condition que le nombre des votants soit égal au moins à la moitié des électeurs inscrits. Si cette condition n'est pas réalisée, un deuxième tour est nécessaire : dans ce cas, le deuxième tour a lieu le premier dimanche de juillet.

Aucune condition autre que la majorité relative des suffrages, n'est nécessaire pour être élu au second tour de scrutin. Au cas où, en fin de liste, plusieurs candidats réuniraient le même nombre de voix, il serait procédé à un tirage au sort.

ART. 29. — Les contestations relatives aux élections peuvent être portées en premier ressort par tout électeur ainsi que par les chefs de circonscription ou de subdivision intéressés, devant une Commission siégeant au chef-lieu de la circonscription ou subdivision du siège de la Chambre et composée du chef de circonscription ou subdivision, Président, de deux fonctionnaires et de trois colons électeurs désignés par le Gouverneur Général : toute réclamation doit parvenir au chef de circonscription par lettre recommandée ou par télégramme dans le mois qui suit la proclamation du scrutin.

En cas de partage, la voix du Président est prépondérante.

ART. 30. — La décision de la Commission prévue à l'article 29 est portée à la connaissance de l'auteur de la réclamation ainsi que des personnes dont l'élection était contestée : cette décision peut être attaquée par les personnes énumérées à l'article précédent devant le Conseil du Contentieux administratif de la Colonie.

ART. 31. — La nullité partielle ou absolue des élections ne peut être prononcée que pour les motifs suivants :

1° infractions aux formes légales dans le mode d'élection ;

2° si le scrutin n'a pas été libre ;

3° incapacité légale d'un ou de plusieurs élus. Elle est prononcée soit par la Commission prévue à l'article 29, soit par le Conseil du Contentieux administratif dans les conditions fixées aux articles 29 et 30 ci-dessus. Dans le cas d'annulation totale ou partielle des élections, il est procédé à de nouvelles élections de la manière et dans les délais prévus à l'article 35 ci-dessous.

ART. 32. — Les membres élus d'une Chambre Consultative entrent en exercice nonobstant toute réclamation ou recours formé dans les conditions prévues aux articles ci-dessus.

ART. 33. — Les résultats provisoires des élections ainsi que les résultats définitifs sont insérés au *Journal Officiel* de la Colonie. Ils sont également affichés au chef-lieu de chacune des subdivisions de la circonscription électorale.

TITRE VIII

Durée du mandat

ART. 34. — La durée du mandat des membres européens ou indigènes des Chambres Consultatives est fixée à quatre ans : le renouvellement a lieu par moitié tous les deux ans.

Dans le cas d'élections générales, la détermination des membres sortant au bout des deux premières années sera faite par voie de tirage au sort par les soins du Bureau central de vote de chaque Chambre Consultative après la proclamation des résultats.

ART. 35. — Lorsque par suite de vacances, le nombre des membres européens d'une Chambre Consultative tel qu'il a été fixé à l'article 5 est réduit de plus d'un tiers, un arrêté du Gouverneur Général fixe, dans les trois mois qui suivent, la date des élections partielles nécessaires pour combler les vacances.

Le mandat de ces membres prendra fin à l'époque à laquelle aurait cessé le mandat des membres qui ont été remplacés.

ART. 36. — Il est pourvu aux vacances des membres indigènes, pour la partie de la période restant à courir, par arrêté du Gouverneur Général.

ART. 37. — Prennent part aux élections partielles, les électeurs inscrits sur la dernière liste électorale modifiée le cas échéant, conformément aux dispositions de l'article 17.

ART. 38. — Si les conditions ci-dessus prévues pour motiver des élections partielles ne sont réalisées que dans l'année qui précède les élections générales, il n'est pas procédé à de nouvelles élections : la Chambre Consultative continue, dans ce cas, à siéger telle qu'elle reste composée.

TITRE IX

Déchéance

ART. 39. — Sera déchu de la qualité de membre d'une Chambre Consultative, tout membre qui, pendant la durée de son mandat, aura été frappé d'une condamnation comportant, aux termes de l'article 9 du présent arrêté, la privation du droit d'être électeur.

La déchéance sera prononcée par le Gouverneur Général, sur le vu des pièces justificatives.

Il est procédé au remplacement des membres déchus, dans la forme prévue à l'article 35.

TITRE X

Démissions

ART. 40. — Seront déclarés démissionnaires par le chef de la circonscription dans laquelle est établie la Chambre Consultative et après avis de celle-ci :

1° les membres qui se sont abstenus de se rendre à trois convocations sans motif légitime ;

2° Ceux dont l'absence de la Colonie se prolonge au-delà d'un an sans cause prélablement admise ;

3° Ceux qui pendant la durée de leur mandat cessent de remplir les conditions prévues pour être éligibles.

Il est procédé à leur remplacement dans la forme prévue à l'article 35.

TITRE XI

Fonctionnement des chambres consultatives. — Bureau

ART. 41. — La première réunion de chaque Chambre Consultative a lieu le premier dimanche qui suit la proclamation du résultat des élections. Le chef de circonscription ou de subdivision dont le chef-lieu est le siège de l'assemblée lance les convocations et préside la réunion assisté du plus âgé et du plus jeune des membres européens de la Chambre.

ART. 42. — Au cours de cette réunion, il est procédé à l'élection du bureau définitif qui se compose d'un président, d'un vice président et d'un secrétaire. L'élection a lieu au bulletin secret à la majorité absolue des suffrages.

Il est procédé, à cet effet, à autant de tours qu'il est nécessaire.

Un procès-verbal des opérations est dressé en autant d'exemplaires qu'il est nécessaire pour être transmis aux chefs de circonscription et de subdivision du ressort, de la Chambre et au Gouverneur Général sous couvert du chef de la circonscription du siège de la Chambre.

Dès que le bureau définitif est constitué, les Chambres Consultatives procèdent à la désignation de leurs délégués au Conseil Consultatif des Intérêts Economiques.

ART. 43. — Un fonctionnaire désigné par le chef de circonscription ou de subdivision où est établie la Chambre peut être chargé des fonctions de secrétaire archiviste de la Chambre Consultative.

ART. 44. — Les Chambres Consultatives se réunissent au moins une fois tous les trois mois aux lieu, jour et heure déterminés par le Président. Le chef de la circonscription ou subdivision où est établie la Chambre Consultative reçoit au plus tard, vingt-quatre heures avant la réunion, communication de l'ordre du jour de chaque séance.

Ce fonctionnaire peut formuler des réserves au sujet de la composition de cet ordre du jour, s'il estime que les sujets qui y sont mentionnés sortent du cadre des attributions des Chambres Consultatives.

ART. 45. — Des réunions extraordinaires peuvent avoir lieu toutes les fois que le président et la majorité des membres le jugent nécessaire ; dans ce cas, l'ordre du jour de la réunion doit être communiqué immédiatement avant la réunion au chef de la circonscription ou subdivision dont le chef-lieu est le siège de la Chambre. Ce dernier peut formuler des réserves dans les conditions prévues à l'article précédent.

ART. 46. — Les séances des Chambres Consultatives ne sont pas publiques. Mais le chef de la circonscription ou subdivision dont le chef-lieu est le siège de la Chambre Consultative ainsi que, le cas échéant, les chefs des circonscriptions que la Chambre englobe dans son ressort, peuvent assister à toutes les réunions de l'Assemblée et y être entendus chaque fois qu'ils le demandent.

ART. 47. — Les autres fonctionnaires de la circonscription ou subdivision peuvent également être entendus sur la demande de la Chambre et avec l'autorisation du chef de circonscription ou de subdivision sur les matières rentrant dans leurs attributions.

ART. 48. — Les Chambres Consultatives peuvent, d'autre part, appeler et entendre, mais à titre consultatif seulement, toutes personnes susceptibles de les éclairer dans leurs travaux.

ART. 49. — Les Chambres Consultatives tiennent leurs séances dans les locaux mis à leur disposition par la Colonie et il est pourvu aux dépenses résultant de leur fonctionnement (frais de bureau, archives, bibliothèque, etc.) au moyen de subventions annuelles fixées par arrêté du Gouverneur Général.

ART. 50. — Il est tenu un registre des procès-verbaux des réunions, lesquels sont côtés et paraphés par les Président et secrétaire de chaque chambre.

Ces registres sont conservés à la diligence du secrétaire de la Chambre.

ART. 51. — Des copies des procès-verbaux des délibérations sont établies, à la diligence du Président ou du vice-président de la chambre, pour être transmises aux chefs des circonscriptions constituant le ressort de la Chambre, aux chefs de subdivision dont le territoire est englobé dans le ressort de la Chambre, au Gouverneur Général sous couvert du chef de circonscription.

ART. 52. — Le Gouverneur Général, le chef de la circonscription ou de la subdivision dont le chef-lieu est le siège d'une Chambre Consultative peuvent toujours se faire communiquer les registres des procès-verbaux de l'Assemblée.

ART. 53. — Les procès-verbaux ne peuvent être livrés à la publicité avant d'avoir été communiqués au chef de la circonscription ou de la subdivision dont le chef-lieu est le siège de la Chambre Consultative.

ART. 54. — Si le chef de circonscription ou de subdivision intéressé a des observations ou remarques à formuler, il les consigne dans le délai de 48 heures à la suite du procès-verbal auquel elles se trouvent ainsi incorporées.

ART. 55. — Les procès-verbaux complétés ainsi qu'il vient d'être indiqué à l'article précédent, ne peuvent être livrés à la publicité qu'*in extenso*.

ART. 56. — En dehors des prescriptions édictées aux articles 43 et suivants, les Chambres Consultatives sont maîtresses de leur règlement intérieur.

TITRE XII

Franchise postale et télégraphique

ART. 57. — Les Présidents des Chambres Consultatives, bénéficient pour la correspondance intéressant les travaux de ces Assemblées :

A. — De la franchise postale :

1° Avec le Gouverneur Général ;

2° Avec le Président du Conseil Consultatif des Intérêts Economiques de Madagascar et Dépendances ;

3° Avec le président de la Commission permanente du Conseil Consultatif des Intérêts Economiques de Madagascar et Dépendances ;

4° Avec les présidents des autres Chambres Consultatives de la Colonie ;

5° Avec les chefs des circonscriptions faisant partie du ressort de leur chambre.

Dans les quatre premiers cas ci-dessus, la correspondance doit être adressée sous le couvert du chef de la circonscription dont le chef-lieu est le siège de la Chambre.

B. — Dans le cas d'urgence, de la franchise télégraphique avec les mêmes personnes que ci-dessus, mais toujours sous le couvert du chef de la circonscription ou de la subdivision, dont le chef-lieu est le siège de la chambre.

TITRE XIII

Attributions

ART. 58. — Les attributions des Chambres Consultatives sont fixées ainsi qu'il suit :

1° Elles ont pour mandat :

a) De représenter officiellement auprès des autorités locales les intérêts commerciaux, industriels et agricoles de leur ressort ;

b) De participer aux enquêtes économiques et de fournir à ce titre les renseignements et indications qui leur sont demandés, soit pour le compte de l'Administration, soit par son intermédiaire, pour le compte des particuliers ;

c) D'établir les statistiques commerciales, industrielles et agricoles de leur ressort ; d'étudier les conditions de placement et d'exportation de tous les produits de la Colonie les améliorations à apporter dans les relations entre producteurs et consommateurs ; de préparer la participation de la colonisation européenne et indigène aux expositions locales ou métropolitaines ;

d) De désigner les Européens siégeant dans les conseils d'arbitrage existant dans leur ressort ;

e) De désigner les délégués européens et indigènes au Conseil Consultatif des Intérêts Économiques, dans les conditions fixées par l'article 2 de l'arrêté du 30 janvier 1920.

ART. 59. — L'avis des Chambres Consultatives est obligatoirement demandé, sauf le cas d'urgence expressément spécifié :

a) Pour l'établissement des mercuriales des denrées alimentaires et de tous autres produits ;

b) Pour l'établissement des plans de campagne des travaux publics et des travaux de prestations (travaux neufs) concernant le ressort de la Chambre ;

c) Sur les règlements relatifs aux usages commerciaux ;

d) Sur les changements projetés dans la législation commerciale, douanière et économique, sur la création des tribunaux de commerce, sur les modifications à apporter à leur ressort respectif, sur les transformations en chambres de commerce, sur la réglementation des établissements à l'usage du commerce, de l'industrie et de l'agriculture ou ayant une action sur le mouvement économique (bourses de commerce, magasins généraux, salles de vente, docks, etc.), sur l'établissement de banques privilégiées, sur les tarifs des services de transport exploités dans leur ressort ou l'intéressant ; sur les conditions de cession aux particuliers par les services publics de main-d'œuvre ou de fournitures ; sur les directives à adopter en ce qui concerne l'utilisation de la main-d'œuvre pénale ; sur la réglementation de la main-d'œuvre.

Les Chambres Consultatives peuvent, de même, être consultées sur toutes les questions d'ordre économique (conseils d'arbitrage, main-d'œuvre, etc.) sur lesquelles les chefs de circonscription ou le Conseil Consultatif des Intérêts Economiques estiment devoir provoquer leur avis. Elles peuvent enfin prendre l'initiative de présenter leurs propositions ou leurs vœux sur les moyens susceptibles de développer le commerce, l'industrie ou l'agriculture, ainsi que sur toutes les questions économiques d'ordre général ou régional.

Pour l'exercice des attributions fixées au présent article et à l'article précédent, les Chambres Consultatives sont saisies par les chefs de circonscription ou de subdivision dépendant de leur ressort ou par le Conseil Consultatif des Intérêts Economiques ou la Commission permanente.

Art. 60. — Toute délibération d'ordre politique ou concernant des questions qui ne sont pas d'intérêt économique est interdite aux Chambres Consultatives.

Art. 61. — Toute question, non inscrite à l'ordre du jour, préalablement communiqué au chef de la circonscription ou subdivision dont le chef-lieu est le siège d'une Chambre Consultative, ne peut être mise en délibération que sous la responsabilité du bureau de la Chambre et sous peine des sanctions prévues au titre XIV du présent arrêté.

TITRE XIV

Dispositions diverses

Art. 62. — Toute infraction aux règles prévues par les articles 53, 55, 57, 60 et 61 entraîne la nullité de la délibération.

Les infractions sont constatées et la nullité prononcée par arrêté du Gouverneur Général en Conseil d'Administration : l'arrêté ordonne en même temps la radiation de la partie du procès-verbal relatant la délibération irrégulière : l'arrêté est notifié au président ou au vice-président de la Chambre à la diligence duquel doit être effectuée la radiation.

En cas d'inexécution de l'arrêté du Gouverneur Général, l'exécution est assurée à la diligence de l'Administration. En cas de récidive ou en cas d'opposition à la communication des registres prévus à l'article 52 ci-dessus, la dissolution de la Chambre pourra être prononcée par arrêté du Gouverneur Général en Conseil d'Administration.

ART. 63. — En outre, la dissolution d'une Chambre Consultative peut-être prononcée :

1° Si elle ne s'est pas réunie pendant plus de six mois consécutifs ;

2° Si les vacances dûes aux décès, départs, déchéances, démissions des membres européens ne peuvent pas être comblées dans les conditions prévues aux articles 35, 37, 39 et 40 ci-dessus ;

3° Si dans le mois qui suit la mise en demeure par le Gouverneur Général, ou le chef de circonscription ou de la subdivision où est établie la Chambre, celle-ci s'abstient sans motif plausible de remplir les obligations de son mandat.

ART. 64. — Sauf le cas où la dissolution d'une Chambre est motivée par l'insuffisance du nombre des membres, il est procédé à de nouvelles élections dans le délai de trois mois qui suit la date de l'arrêté de dissolution.

Les pouvoirs des Chambres Consultatives élues à la suite de dissolution cessent à l'époque à laquelle devaient normalement cesser ceux de la Chambre dissoute.

ART. 65. — Les attributions des Chambres Consultatives sont remplies, à compter du jour de la dissolution de l'Assemblée et en attendant de nouvelles élections, par une Commission nommée par arrêté du Gouverneur Général et composée ainsi qu'il suit :

Le chef de la circonscription ou de subdivision dont le chef-lieu était le siège de la Chambre dissoute, *président*.

Deux électeurs de la chambre dissoute ou à défaut deux fonctionnaires, *membres*.

Les pouvoirs de cette Chambre cessent dès l'entrée en fonction d'une Chambre élue.

TITRE XV

Dispositions transitoires

ART. 66. — Exceptionnellement, en 1920, l'établissement des listes électorales et les élections des Chambres Consultatives auront lieu aux dates ci-après :

1° Les demandes d'inscription sur les listes électorales et les justifications prévues à l'article 13 du présent arrêté devront parvenir au chef de la circonscription administrative du siège de la Chambre le 15 mai 1920 au plus tard. L'extrait du casier judiciaire qui doit accompagner la demande d'inscription ne sera pas exigé ; les renseignements figurant dans les greffes de la Colonie seront demandés globalement au Parquet Général par les chefs des circons-

criptions administratives où siègent les Chambres Consultatives à l'expiration du délai fixé ci-dessus pour les demandes d'inscription ;

2° Les listes électorales prévues à l'article 14 seront
dressées le 30 mai 1920 ;

3° L'affichage des listes électorales prévu à l'article 15
aura lieu du 10 au 20 juin 1920 ;

4° Les réclamations contre les inscriptions ou omissions
des listes électorales, prévues à l'article 16 devront parvenir
au Président de la Commission d'établissement des listés
électorales au plus tard le 5 juillet 1920 ;

5° Les décisions de la Commission seront notifiées aux
intéressés au plus tard le 20 juillet 1920 ;

6° Les élections générales auront lieu le dimanche
25 juillet 1920 ; le 2° tour de scrutin aura lieu, s'il est nécessaire, le dimanche 8 août 1920.

— Les pouvoirs des membres des chambres ainsi nommées
prendront fin : pour la première moitié, le 1er juillet 1922,
pour la seconde moitié, le 1er juillet 1924.

Art. 67. — Dans les localités nouvellement pourvues
d'une Chambre Consultative, les délégués prévus à l'article
14 ci-dessus sont désignés par la Chambre Consultative à
laquelle était jusqu'à présent rattachée la circonscription
ou subdivision.

Art. 68. — En attendant le résultat des élections prévues à l'article 66, les Chambres Consultatives existant en
vertu de l'arrêté du 4 juin 1918 continueront de fonctionner
avec leur composition actuelle et resteront soumises aux
dispositions de ce texte.

Art. 69. — MM. le Secrétaire Général du Gouvernement
Général, le Procureur Général, chef du service judiciaire, les
chefs de circonscription sont chargés, chacun en ce qui le
concerne, de l'exécution du présent arrêté qui sera inséré
au *Journal Officiel* et publié ou communiqué partout où
besoin sera.

Tananarive, le 13 avril 1920.

GUYON.

ARRÊTÉ

créant les Chambres Consultatives du commerce, de l'industrie et de l'agriculture de Madagascar, fixant leur siège, leur ressort territorial et leur constitution.

Le Gouverneur Général p. i. de Madagascar et Dépendances, officier de la Légion d'honneur,

Vu les décrets des 11 décembre 1895 et 30 juillet 1897 ;

Vu l'arrêté du 31 mars 1915 sur les délégations spéciales ;

Vu l'arrêté du 24 octobre 1919 promulguant dans la Colonie le décret du 12 juin 1919 sur les chambres de commerce, de l'industrie et de l'agriculture ;

Vu l'arrêté du 30 janvier 1920 organisant le conseil consultatif des intérêts économiques de Madagascar et Dépendances :

Vu l'arrêté du 13 avril 1920 portant réorganisation des chambres consultatives du commerce, de l'industrie et de l'agriculture de Madagascar et Dépendances ;

Le conseil d'administration entendu,

Arrête :

ART. 1er. — Il est réorganisé ou créé à Madagascar et Dépendances quatorze Chambres Consultatives du commerce, de l'industrie et de l'agriculture.

ART. 2. — Le siège de chacune des Chambres Consultatives est le suivant : 1° Tananarive, 2° Tamatave, 3° Diego-Suarez, 4° Majunga, 5° Dzaoudzi, 6° Nosy-Bé, 7° Morondava, 8° Tuléar, 9° Fort-Dauphin, 10° Farafangana, 11° Mananjary, 12° Vatomandry, 13° Vohemar, 14° Fianarantsoa.

ART. 3. — Le ressort des Chambres de Dzaoudzi, Nosy-Bé, Morondava, Tuléar, Fort-Dauphin, Farafangana, Mananjary, Vatomandry et Vohemar comprend le territoire des circonscriptions administratives dont ces localités sont les chef-lieux.

Le ressort des autres Chambres est le suivant :

Tananarive : circonscriptions administratives de Tananarive, Ankazobe, Itasy, Vakinankaratra et Moramanga.

Tamatave : circonscriptions administratives de Tamatave, Maroantsetra et SainteMarie.

Diego-Suarez : circonscriptions administratives de Diego-Suarez et Ambilobe.

Majunga : circonscriptions administratives de Majunga, Analalava et Maevatanana.

Fianarantsoa : circonscriptions administratives de Fianarantsoa, Ambositra et Betroka.

ART. 4. — MM. le Secrétaire Général du Gouvernement Général et les chefs de circonscription sont chargés, chacun en ce qui le concerne, de l'exécution du présent arrêté qui sera inséré au *Journal Officiel* et publié ou communiqué partout où besoin sera.

Tananarive, le 13 avril 1920.

GUYON.